DER HERR DER RINGE™
DIE SCHLACHT DER ROHIRRIM™
DAS OFFIZIELLE BEGLEITBUCH

Dieses Buch ist Valerie Smith und Hazel Ell gewidmet, zwei starken Frauen, die Schlachten schlugen, die in keinem Geschichtsbuch zu finden sind, und die mit gutem Beispiel vorangegangen sind.

Hobbit Presse
www.hobbitpresse.de

Die Originalausgabe erschien unter dem Titel
The Lord of the Rings: The War of the Rohirrim.
Official Visual Companion im Verlag
HarperCollins*Publishers*, London/Dublin

Text von Chris Smith © HarperCollins*Publishers* 2024
Artwork, Film Logos, Auszüge aus dem Filmskript
© 2024 Warner Bros. Entertainment Inc.
Alle Rechte vorbehalten

Zusammenstellung © HarperCollins*Publishers* 2024

Für die deutsche Ausgabe

© 2024 by J. G. Cotta'sche Buchhandlung
Nachfolger GmbH, gegr. 1659, Stuttgart

Kein Teil dieses Werks darf ohne vorherige Genehmigung des Verlags elektronisch, mechanisch, durch Fotokopie, Aufzeichnung oder auf andere Weise vervielfältigt, in einem Datenbanksystem gespeichert oder verbreitet werden.

Übersetzung: Helmut W. Pesch

THE LORD OF THE RINGS: THE WAR OF THE ROHIRRIM und alle Figuren und Elemente © & ™ Middle-earth Enterprises, LLC under license to Warner Bros. Entertainment Inc. (s24)

›Tolkien‹® ist ein eingetragener Markenname der J.R.R. Tolkien Estate Limited.

Der Herr der Ringe: Die Schlacht der Rohirrim. Das offizielle Begleitbuch ist ein Buch zum Film *Der Herr der Ringe: Die Schlacht der Rohirrim* und wird mit Genehmigung, aber ohne Autorisierung des Nachlasses des verstorbenen J.R.R. Tolkien veröffentlicht. Dialogzitate stammen aus dem Film, nicht aus dem Roman *Der Herr der Ringe*.

Gestaltung: Terence Caven
Produktion: Megan Donaghy

Satz des deutschen Textes:
VH-7 Medienküche GmbH, Stuttgart

Gedruckt und gebunden von
Rotolito S.p.A, Italien

ISBN 978-3-608-98802-4

DANKSAGUNG

Ich möchte den folgenden Personen danken, ohne die dieses Buch nicht möglich gewesen wäre: David Brawn von HarperCollins dafür, dass er mir erlaubt hat, einen weiteren Faden in den wunderbaren Teppich von Mittelerde zu weben; Terence Caven, der wieder einmal ein Buchdesign geschaffen hat, das meinen Text wirklich zum Leben erweckt; Mike Topping für ein weiteres wunderschönes Cover; und Megan Donaghy dafür, dass sie uns alle über die Ziellinie gebracht hat. Bei Warner Bros. Discovery haben Victoria Selover, Jill Benscoter und Melanie Swartz wieder einmal mehr als das Übliche getan. Ein besonderer Dank geht an Philippa Boyens, Phoebe Gittins und Arty Papageorgiou, die uns geholfen haben, dieses Buch zum bestmöglichen Begleiter für *Die Schlacht der Rohirrim* zu machen.

Und schließlich meiner Frau Lorraine: Ich bin vielleicht der Mann, der dieses Buch gemacht hat, aber du bist die Frau, die meine Welt gemacht hat.

ANMERKUNG DES VERFASSERS

In einigen Fällen weichen die historischen Informationen zu Namen, Orten und Ereignissen von denen ab, die bereits in den autorisierten Werken von J.R.R. Tolkien veröffentlicht oder daraus abgeleitet wurden. Das liegt daran, dass die Informationen in diesem Buch, wo immer es möglich war, hauptsächlich aus dem Film *Der Herr der Ringe: Die Schlacht der Rohirrim* und den Notizen, Recherchen und anderen Schriften stammen, die im Zusammenhang mit diesem Film entstanden sind.

Leserinnen und Lesern, die mehr über die Ereignisse rund um den Film erfahren oder ein tieferes Verständnis für die Welt von Mittelerde gewinnen möchten, empfehle ich von Herzen, die veröffentlichten Werke von J.R.R. Tolkien und seinem Sohn Christopher Tolkien zu lesen, insbesondere *Der Hobbit, Der Herr der Ringe, Das Silmarillion* und *Nachrichten aus Mittelerde* sowie *Der Untergang von Númenor*.

DER HERR DER RINGE
DIE SCHLACHT DER ROHIRRIM
DAS OFFIZIELLE BEGLEITBUCH

CHRIS SMITH

VORWORT VON BRIAN COX

Klett-Cotta

Inhalt

Vorwort von Brian Cox	10
Eine kurze Geschichte von Gondor und Rohan	12
Rohan	16
Helm Hammerhand	20
Héra	24
Edoras	28
Meduseld	32
Lief	36
Marstall von Meduseld	37
Haleth	40
Háma	42
Fréaláf	44
Gebiete von Rohan	46
Die Rohirrim	48
Olwyn/Schildmaiden	50
Das Volk von Rohan	52
Freca	54
Wulf	56

HERR THORNE VOM WOLD	58
GENERAL TARGG	59
DUNLAND/CREBAIN	60
DUNLÄNDER	62
ADLER	64
ALTER WALDSUMPF	66
DER WÄCHTER IM WASSER	69
ISENGARD	73
DIE SCHLACHT DER ROHIRRIM	74
SÜDLÄNDER	76
MÛMAKIL	78
DUNHARG	81
DIE HORNBURG	82
ORKS	86
SCHNEETROLLE	87
SARUMAN DER WEISSE	90
GANDALF DER GRAUE	91
ORIGINALBESETZUNG	92

VORWORT

Im Laufe meiner Karriere habe ich vielen großen Männern meine Stimme geliehen, vor allem klassischen Figuren wie König Lear oder dem römischen Feldherrn Titus Andronicus. Sie gelten heute als Dinosaurier, aber sie waren Männer mit großem Tatendrang.

Den Antrieb, der in diesen Figuren steckt – eine Art dämonischer Energie –, schauspielerisch wiederzugeben ist immer wieder spannend. Das gilt besonders für Helm Hammerhand in *Die Schlacht der Rohirrim*. Helm hat aber auch eine andere Seite. Er ist zwar in erster Linie der Herrscher eines Reiches, aber er ist auch ein liebender Vater. Dies macht ihn für mich als Figur erst wirklich interessant.

Als König ist Helm gezwungen abzuwägen. Er hat die Fähigkeit zu herrschen und ist sich gleichzeitig bewusst, wo er im historischen Kontext steht. Es gibt berühmte Männer in der Vergangenheit unserer eigenen Geschichte wie Winston Churchill oder Napoleon, die in entscheidenden Situationen Außergewöhnliches geleistet haben. Auch Helm Hammerhand ist ein solcher Mann; er trägt die oberste Verantwortung, und als Anführer erkennt er den Moment, in dem es richtig ist, das letzte Opfer für sein Volk und für seine Familie zu bringen.

Was Helms Beziehung zu seiner Tochter Héra betrifft, so unterschätzt er sie zunächst. Héra hat etwas sehr Modernes an sich. Sie ist eine emanzipierte Frau mit eigenem Willen; ihr Vater versucht, ihr gerecht zu werden. Am Anfang unserer Geschichte hat er sie noch nicht ganz verstanden, aber in deren Verlauf merkt er, dass sie etwas Besonderes ist und wahrscheinlich mehr Kraft in sich hat als ihre Brüder.

Die Tradition in Rohan besagt natürlich, dass die Frau geehrt und geschützt werden muss, dass ihr Platz zu Hause am Herd ist. In dieser Geschichte nimmt Héra eine Veränderung dieser Denkweise vorweg. Helm ist zunächst verwirrt, aber er ist kein Narr: Er erkennt und sieht in Héra die starke Frau, die in ihr steckt. Aber als Vater will er seine Tochter immer noch beschützen und sie nicht in Gefahr bringen, denn er hat selbst stets in Gefahr gelebt. Letzten Endes will er nicht, dass seine Tochter ein solches Leben führt.

Doch auch Könige müssen sich dem Schicksal beugen. Helm ist überzeugt, dass seine Söhne das Reich erben werden. Als alles in die Brüche geht, muss er umdenken und seiner Tochter einen neuen Wert zumessen. Für den alten Helm ist dies also auch eine persönliche Entdeckungsreise. Das macht die Sache für mich als Schauspieler real und gibt ihr eine Dynamik, die hoffentlich auch auf das Publikum überspringt.

Meine erste Liebe in der Schauspielerei war das Radio, wo die Leistung, genau wie in diesem Zeichentrickfilm, ganz in der Stimme liegt. In Großbritannien haben wir eine sehr starke Audiotradition, und ich habe hier 12 Jahre lang in einer Radioserie mitgewirkt. Ich mag es sehr, weil man dabei alles sein kann, ohne sich verkleiden oder schminken zu müssen. Ich bin stolz darauf, eine Stimme zu haben, die ihren Schliff von exzellenten Stimmbildnern wie der berühmten Schottin Kristin Linklater erhalten hat, der ich im Dundee Repertory Theatre begegnete, als ich sechzehn Jahre alt war und zu einem Stimmbildungsseminar eingeladen worden war. Ich hatte keine Ahnung, was mich erwartete, aber diese Erfahrung hat mein Leben verändert. Danach habe ich mit der Royal Shakespeare Company und dem großartigen Cic Berry gearbeitet, einem weiteren außergewöhnlichen Lehrer.

Der Einsatz der Stimme – die Fähigkeit, den Tonfall und die Modulation zu variieren, um die Darstellung voranzutreiben – ist das, was mich als Schauspieler stets motiviert hat, von meinen ersten Anfängen bis zur Rolle des Logan Roy in *Succession*. Für mich ist dies die Grundlage von allem, und ich bin froh, dass ich das auch in die Rolle des Helm Hammerhand in *Die Schlacht der Rohirrim* einbringen konnte.

Ich wünsche dir viel Spaß mit diesem tollen Begleitbuch und viele eigene Abenteuer in J.R.R. Tolkiens Mittelerde.

BRIAN COX
Sprecher für Helm Hammerhand in der englischen Originalfassung

Eine kurze Geschichte von Gondor und Rohan

Vor langer, langer Zeit, fast 3000 Jahre vor der Zeit von Helm Hammerhand und der Schlacht der Rohirrim, führte Sauron, der Dunkle Herrscher, durch seine List und seine Bosheit den Untergang des großen Inselreichs Númenor herbei, der Heimat der Menschen des Westens. Bei diesem Kataklysmus wurde sein Körper vernichtet, aber sein Geist floh in das Land Mordor, wo die Schatten drohen. So begann das Dritte Zeitalter von Mittelerde.

Die überlebenden Númenórer gründeten zwei neue Königreiche, Arnor im Norden und Gondor im Süden. Als Wächter an Gondors Nordgrenzen errichteten sie die gewaltigen Argonath an den Rauros-Fällen; an Gondors westlicher Grenze erbauten sie in der Provinz Calenardhon den uneinnehmbaren Turm von Orthanc, umgeben vom Wall von Isengard; und in einem tiefen Tal am Rand des Weißen Gebirges schufen sie als Zuflucht die Festung Hornburg.

Lange herrschte Frieden, aber schließlich wuchs der Schatten im Osten und drohte Mittelerde erneut in Dunkelheit zu hüllen. Das Böse begann sich zu regen, und Völker, die jenseits der Grenzen von Mordor lebten, drangen in die fruchtbaren Länder Mittelerdes ein.

Als Bürgerkrieg und Seuchen Gondor schwächten, begannen die Einfälle der einst unterworfenen Reiche im Osten und Süden an Gondors Grenzen immer heftiger zu werden. Dies fand seinen Höhepunkt im Jahre 2510 des Dritten Zeitalters, als Calenardhon von wilden Menschen überrannt wurde, Ostlingen unter Saurons Befehl, die aus den östlichen Ausläufern des Düsterwaldes hervorbrachen. Dabei wurden sie von Orks aus dem Nebelgebirge unterstützt.

Von beiden Mächten auf dem Feld von Celebrant umzingelt und von der Vernichtung bedroht, sandte Cirion, Gondors regierender Truchsess, Botenreiter aus, die verzweifelt nach Verbündeten suchten. In letzter Minute und ohne Vorwarnung stürmten die Éothéod mit 700 bewaffneten Reitern aus den nördlichen Tälern des Anduin unter der Führung von Eorl dem Jungen heran und halfen Cirion, den Feind in die Flucht zu schlagen.

Für diesen Sieg, der die Bedrohung durch die Ostlinge beendete, erhielten Eorl und die Éothéod das Land Calenardhon zu Besitz, das später Rohan genannt wurde.

ROHAN

Das Königreich Rohan war ursprünglich eine nördliche Provinz Gondors. Obwohl die weiten Grasebenen von den Nachkommen der Númenórer nur spärlich besiedelt wurden, errichteten sie zwei große Bauwerke zur Verteidigung der Westgrenze: die uneinnehmbare Festung Isengard, wie sie in Rohan genannt wird, und die mächtige Hornburg. Beide liegen nur wenige Meilen nördlich bzw. südlich des Tores von Rohan und der Furten des Isen. Die anderen Grenzen des Königreichs sind der Fluss Limklar im Norden, der aus dem Fangorn-Wald entspringt, das Weiße Gebirge im Süden und im Osten das weite Sumpfgebiet, das als Mündungen der Entwasser bekannt ist und südlich der Emyn Muil in den Anduin übergeht.

Rohan ist ein grünes und fruchtbares Land, ideal für die Zucht von Mearas, jener besonderen Pferderasse, welche die Eorlingas, Eorls Volk, mitbrachten und für die sie seitdem in ganz Mittelerde bekannt sind. Außerhalb der Hauptstadt Edoras leben die Menschen in Rohan in kleinen Siedlungen. Einige bewirtschaften das Land, andere folgen den Herden über die weiten Ebenen, wenn sie von Weide zu Weide ziehen. Nur wenige leben im Osten, denn dieses tief liegende Land ist von Sümpfen durchzogen und daher weder für Menschen noch für Pferde geeignet.

Die Weite Rohans ist schwer zu verteidigen, aber auch schwer zu bezwingen, denn die Bevölkerung ist über das ganze Land verstreut. Der uralte Eid der Freundschaft zwischen Cirion von Gondor und Eorl hat bewirkt, dass sowohl Rohan als auch Gondor sehr von diesem Bündnis profitiert haben und beide sich in Zeiten der Not gegenseitig zu Hilfe gekommen sind. Doch nun, da der Schatten im Osten wächst und Gondor mit seinen schwindenden Kräften in Bedrängnis gerät, wer kann sagen, ob dieses Bündnis halten wird, selbst wenn Helm die Leuchtfeuer entzünden sollte?

»Die Linie Helms ist nicht so
leicht auszulöschen.«

Helm
Hammerhand

Helm wurde im Jahr 2691 des Dritten Zeitalters geboren. Zur Zeit seiner Vorfahren hatte Rohan lange Jahre des Friedens genossen, aber unter der Herrschaft seines Großvaters Déor häuften sich die Einfälle der Dunländer, die sich über den Fluss Isen im Westen wagten.

Als Helm neunzehn Jahre alt war, besetzten diese wilden Menschen den verlassenen Ring von Isengard und ließen sich nicht mehr vertreiben, und über viele Jahre mussten die Rohirrim eine starke Truppe von Reitern im Norden der Westfold unterhalten, um sich vor Überfällen und Angriffen auf ihre Pferdeherden zu schützen. Helms Vater Gram wurde im Jahr 2718 D.Z. zum achten König ernannt, und in all den Jahren, in denen er die Krone trug, musste sich Rohan gegen Angriffe der Dunländer zur Wehr setzen, die immer häufiger wurden, seit die Bergstämme innerhalb der Grenzen des Landes Fuß gefasst hatten.

Helm, ein großer und kräftiger Mann, wurde in seinem Leben als Krieger hart und grimmig und verdiente sich aufgrund seiner großen Stärke den Namen »Hammerhand«. Im Jahr 2741 D.Z. trat er die Nachfolge seines Vaters als Herr der Eorlingas und neunter König von Rohan an. Helm war damals fünfzig, genauso alt wie sein Vater, als er König wurde. Seitdem sind nur fünf Jahre vergangen, was bedeutet, dass der erfahrene Krieger ein relativ unerfahrener König ist.

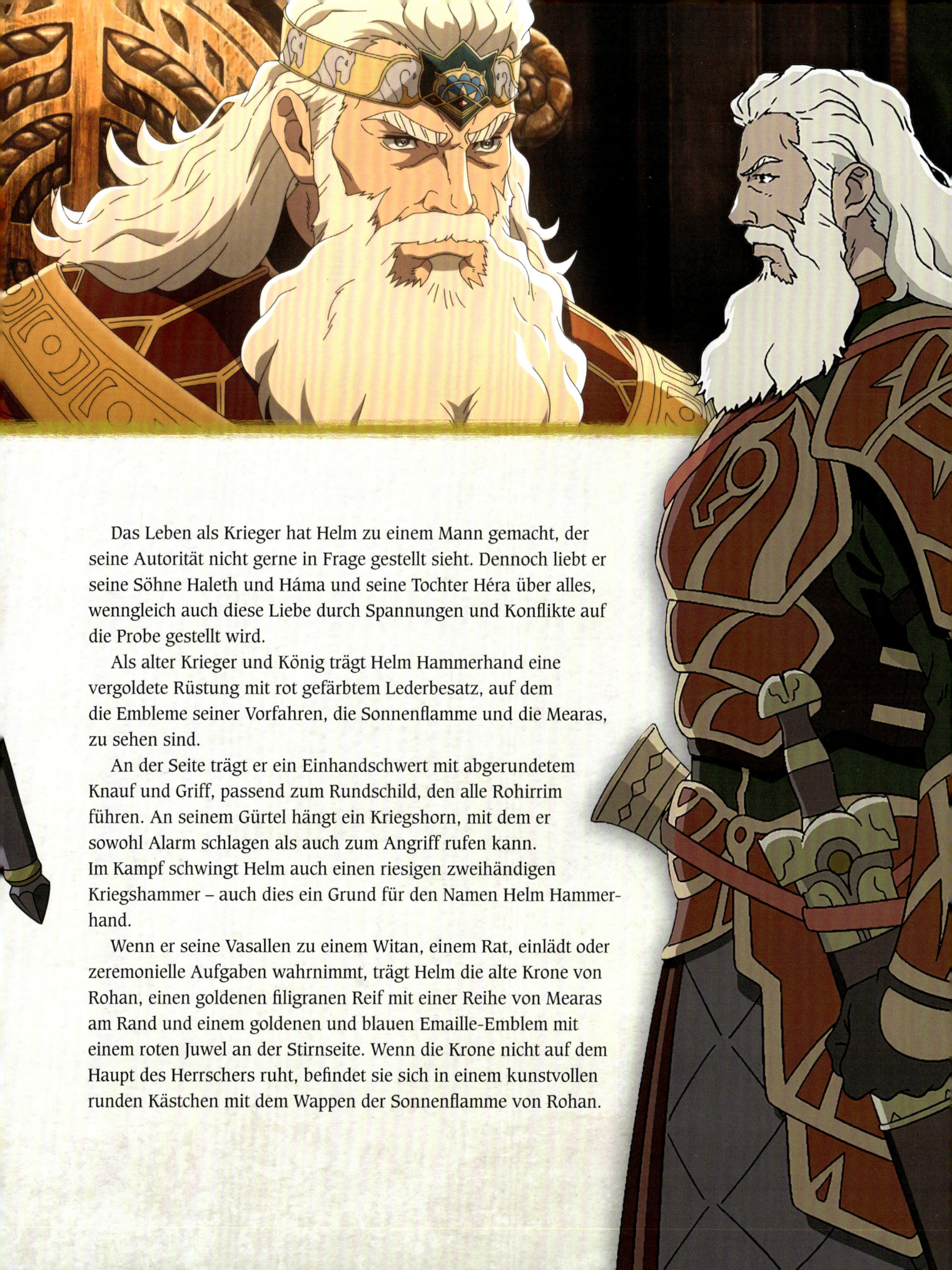

Das Leben als Krieger hat Helm zu einem Mann gemacht, der seine Autorität nicht gerne in Frage gestellt sieht. Dennoch liebt er seine Söhne Haleth und Háma und seine Tochter Héra über alles, wenngleich auch diese Liebe durch Spannungen und Konflikte auf die Probe gestellt wird.

Als alter Krieger und König trägt Helm Hammerhand eine vergoldete Rüstung mit rot gefärbtem Lederbesatz, auf dem die Embleme seiner Vorfahren, die Sonnenflamme und die Mearas, zu sehen sind.

An der Seite trägt er ein Einhandschwert mit abgerundetem Knauf und Griff, passend zum Rundschild, den alle Rohirrim führen. An seinem Gürtel hängt ein Kriegshorn, mit dem er sowohl Alarm schlagen als auch zum Angriff rufen kann. Im Kampf schwingt Helm auch einen riesigen zweihändigen Kriegshammer – auch dies ein Grund für den Namen Helm Hammerhand.

Wenn er seine Vasallen zu einem Witan, einem Rat, einlädt oder zeremonielle Aufgaben wahrnimmt, trägt Helm die alte Krone von Rohan, einen goldenen filigranen Reif mit einer Reihe von Mearas am Rand und einem goldenen und blauen Emaille-Emblem mit einem roten Juwel an der Stirnseite. Wenn die Krone nicht auf dem Haupt des Herrschers ruht, befindet sie sich in einem kunstvollen runden Kästchen mit dem Wappen der Sonnenflamme von Rohan.

HÉRA

Mit nur neunzehn Sommern ist Héra das jüngste der drei Kinder Helm Hammerhands und das einzige Mädchen. Als Tochter eines Adelsgeschlechts ist sie ein wertvolles Faustpfand im Spiel um Königswürde und Bündnisse. Sie scheint für ein Leben als Ehefrau eines gondorischen Fürsten bestimmt zu sein, dessen Kinder nichts von der Lebensweise Rohans erfahren werden.

Héras Leben wurde früh von einer Tragödie überschattet, als ihre Mutter im Kindbett starb. Die Prinzessin wuchs mit ihren zwei Brüdern bei einem Kriegerkönig auf, lernte reiten, bevor sie laufen konnte, und wurde eine der schnellsten Reiterinnen des Königreichs. Als junges Mädchen freundete sie sich mit Wulf an, dem Sohn Frecas von der Westmark, und die beiden spielten, kämpften, scherzten und lachten oft miteinander. Héra ist jetzt eine junge Frau und geschickt im Umgang mit dem Schwert.

Héra ist wild, abenteuerlustig und unbekümmert. Sie weiß, was sie will, und lässt sich ihr Leben nicht vorschreiben. Meistens sieht man sie in Reitkleidung, aber wenn sie zu den Versammlungen ihres Vaters nach Meduseld gerufen wird, zieht sie ein langes Kleid an und bindet ihr langes rotes Haar mit Bändern zurück.

Héra liebt die Natur und ist fasziniert von den Geschöpfen Mittelerdes, besonders von den riesigen Adlern, die hoch oben im Weißen Gebirge horsten. Ihr engster Begleiter ist ihr Pferd Ashere, mit dem sie oft in den Ebenen Rohans unterwegs ist, um Neues zu erleben. Doch ihr sorgloses Leben könnte schon bald auf die Probe gestellt werden, wenn sie die Konsequenzen der Taten anderer tragen muss. Vielleicht ist es für das Mädchen an der Zeit, ihr Leben selbst in die Hand zu nehmen und als Frau von Rohan ihre eigene Geschichte zu schreiben.

Edoras

Edoras ist die Hauptstadt des Königreichs Rohan. Sie wurde im 26. Jahrhundert des Dritten Zeitalters von Eorl und Brego, dem ersten und dem zweiten König von Rohan, erbaut. Da Edoras die Hauptstadt und der Hof der Königsfamilie ist, ist ihre Einwohnerzahl viel größer als die jeder anderen Siedlung in Rohan.

Edoras erhebt sich auf einem Auslieger der Ered Nimrais, des Weißen Gebirges, und der nahe Schneeborn liefert reichlich Wasser. Die erhöhte Lage bietet eine unvergleichliche Aussicht über die Ebenen des Westemnet und der Westfold im Norden. Geschützt durch eine Mauer und einen hölzernen Palisadenzaun ist Edoras für Eindringlinge zu Fuß nur schwer zu erstürmen, aber dennoch keine

echte Trutzburg. In Zeiten der Not können sich die Bewohner in die Feste Dunharg im Süden oder in die Hornburg im Nordwesten zurückziehen, die näher zum Feind liegt.

Der Weg zum großen äußeren Tor führt an einer Reihe von acht Grabhügeln vorbei, den Gräbern der Könige von Eorl bis zu Helms Vater Gram. Diese Grabhügel, gekrönt von den weißen Blüten der Simbelmynë, gemahnen jeden Besucher daran, wie hoch das Volk von Rohan seine Könige ehrt.

Trotz der Unruhen im Westen ist Edoras eine blühende Stadt, die Märkte sind belebt, alle sind zufrieden. Die königliche Garde sorgt mit Wachen entlang der Stadtgrenze und im Königspalast Meduseld für ihren Schutz, während andere Einwohner sich um die Versorgung der Stadt kümmern. Die Arbeit vieler Menschen in Edoras ist direkt mit dem täglichen Leben des Königs und seines Hofes verbunden und davon abhängig.

Meduseld

Meduseld ist das hohe Haus des Königreichs, das auf einer grünen Terrasse über Edoras thront. Es wurde von König Brego im Jahre 2569 D.Z. erbaut und ist ein mächtiges Bauwerk, dessen strohgedecktes Dach aus der Ferne wie Gold erstrahlt.

Die Goldene Halle, wie das Haus genannt wird, ist der Ort, an dem der König seine Untertanen empfängt und Rat hält. Der mit langen Holztischen und Bänken ausgestattete Saal ist auch die Stätte, wo er seine Gäste unterhält. Von den Dachsparren und an den Wänden hängen bunte Wandteppiche mit Motiven von Pferden und Sonnenflammen. Die vielen hölzernen Säulen und Balken sind mit vergoldeten Schnitzereien von Ranken und Pferdesymbolen verziert. Der Boden ist mit vielfarbigen Steinen gepflastert, und unter den Füßen verflechten sich seltsame Sinnbilder. An einem Ende der Halle befindet sich ein erhöhter Platz mit dem geschnitzten Thron des Königs und Sitzen für seine Familie, hinter denen die königlichen Banner hängen.

LIEF

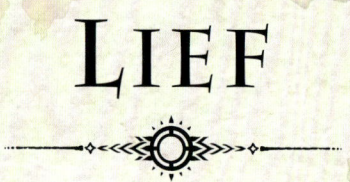

Mit seinen sechzehn Jahren ist der junge Lief noch auf dem Weg zum Mann. Vor kurzem wurde er zum neuen Knappen des Königs ernannt, und angesichts der großen Verantwortung, die auf seinen jungen Schultern lastet, ist er verständlicherweise aufgeregt, weil er den legendären Helm Hammerhand nicht enttäuschen will.

Zu den Pflichten des Knappen gehört es, alle Wappensymbole des Reiches zu lernen, damit er beim Rat des Königs die Banner der anwesenden Fürsten ausrufen kann. Nicht alle davon sind offenkundig, denn die Geschichte Rohans reicht viele Generationen zurück. Ferner ist es seine Aufgabe, die wertvollen Karten und Schriftrollen zu schützen, in denen die Gesetze und Gebräuche des Reiches festgehalten sind.

Obwohl er in vielerlei Hinsicht noch ein unerfahrener Junge ist, hat Lief das Herz eines Mannes von Rohan, und wenn seine geliebte Stadt bedroht ist, ist zu hoffen, dass er standhaft bleibt und sich der Banner seiner Vorfahren, die er gerade mühsam erlernt, würdig erweist.

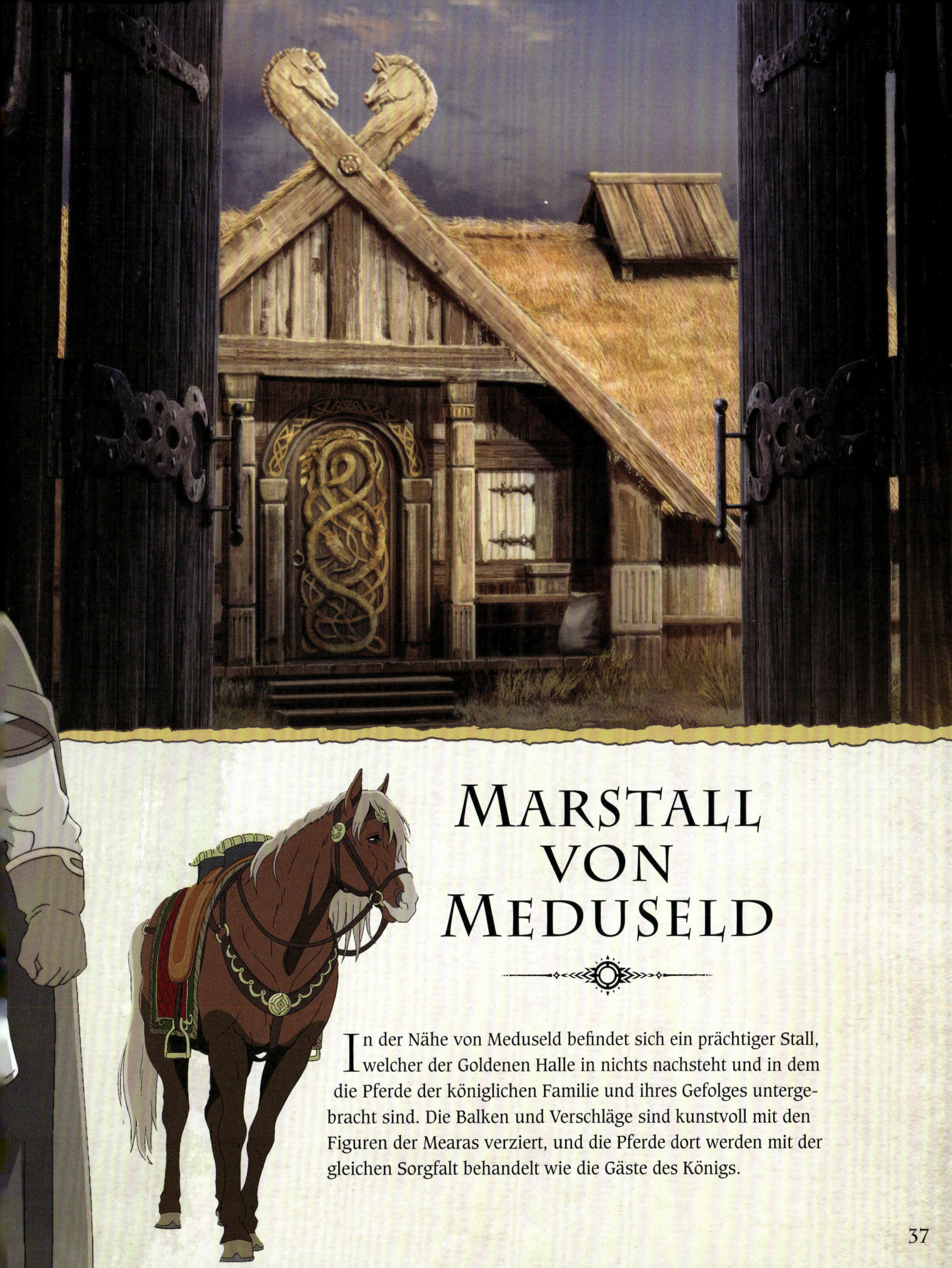

Marstall von Meduseld

In der Nähe von Meduseld befindet sich ein prächtiger Stall, welcher der Goldenen Halle in nichts nachsteht und in dem die Pferde der königlichen Familie und ihres Gefolges untergebracht sind. Die Balken und Verschläge sind kunstvoll mit den Figuren der Mearas verziert, und die Pferde dort werden mit der gleichen Sorgfalt behandelt wie die Gäste des Königs.

Haleth

Als erstgeborener Sohn König Helms trägt Haleth die Zukunft des Königreichs auf seinen Schultern. In seinen dreißig Jahren hat er miterlebt, wie sein Vater vom Prinzen zum König aufstieg, aber wenn sein Leben dem Helms folgt, kann er davon ausgehen, dass er selbst noch weitere zwanzig Jahre an der Seite des Königs sitzen wird.

Prinz Haleth ist ein gewaltiger Kämpfer, der in vielerlei Hinsicht seinem Vater ähnelt. Er hat flachsblondes Haar wie so viele Rohirrim, ist groß und breit gebaut, kämpft unermüdlich für sein Volk und hat eine starke und liebevolle Beziehung zu seinem jüngeren Bruder Háma und seiner kleinen Schwester Héra. Die Geschwister sind zwar immer zu Scherzen aufgelegt, doch wenn Gefahr droht, stellt sich Haleth stets zwischen seine Familie und den Feind, und sein feines Lächeln weicht einem finsteren Blick, der den Feind in Angst und Schrecken versetzt.

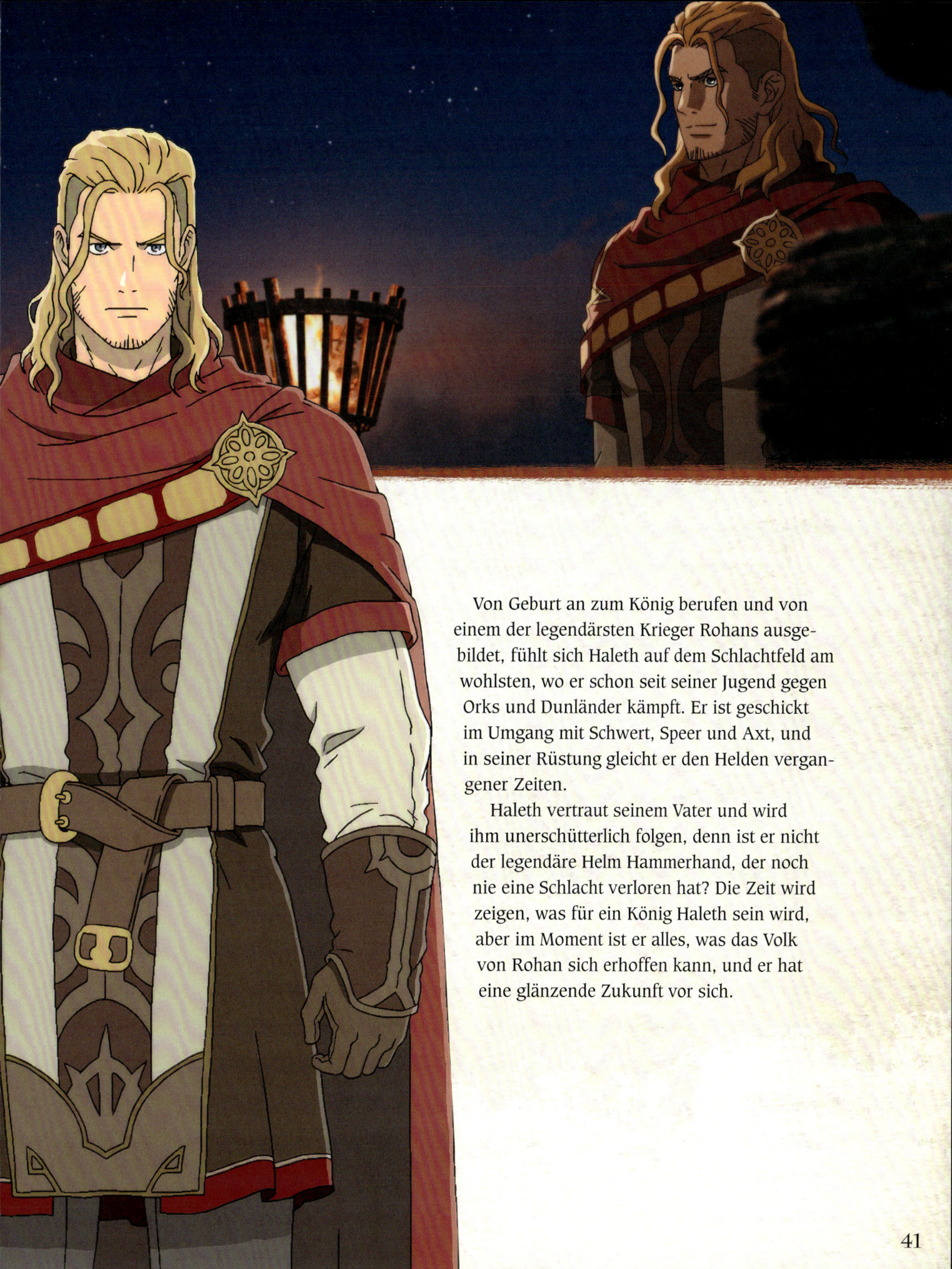

Von Geburt an zum König berufen und von einem der legendärsten Krieger Rohans ausgebildet, fühlt sich Haleth auf dem Schlachtfeld am wohlsten, wo er schon seit seiner Jugend gegen Orks und Dunländer kämpft. Er ist geschickt im Umgang mit Schwert, Speer und Axt, und in seiner Rüstung gleicht er den Helden vergangener Zeiten.

Haleth vertraut seinem Vater und wird ihm unerschütterlich folgen, denn ist er nicht der legendäre Helm Hammerhand, der noch nie eine Schlacht verloren hat? Die Zeit wird zeigen, was für ein König Haleth sein wird, aber im Moment ist er alles, was das Volk von Rohan sich erhoffen kann, und er hat eine glänzende Zukunft vor sich.

HÁMA

Mit gerade einmal zweiundzwanzig Jahren ist Háma der zweite Sohn und das mittlere Kind von König Helm Hammerhand. Als zweitältestem Sohn war ihm schon immer bewusst, dass die Bürde des Königtums wohl nicht auf ihn fallen wird. Aber er ist damit zufrieden, denn obwohl er seinen Vater und seinen älteren Bruder Haleth liebt, mit dem er das blonde Haar seiner Vorväter gemeinsam hat, ist sein Gemüt viel sanfter als das ihrer Ahnen. Er liebt auch seine jüngere Schwester Héra, aber insgeheim beneidet er sie um ihre Freiheit, sein zu können, wer sie wirklich ist.

Háma ist ebenso leidenschaftlich, wenn es um die Lieder und Legenden von Rohan geht. Er hält sich für einen Kriegerdichter und ist selten ohne seine wunderschön geschnitzte Leier anzutreffen, auf der er sich selbst begleitet, wenn er von alten Heldentaten singt.

Doch trotz seiner romantischen Seele ist auch er ein echter Sohn Rohans. In seinem schlanken Körper schlägt das Herz eines Kriegers, und wenn er gerufen wird, scheut Háma keine Schlacht. Auch wenn er vielleicht nicht als Erster zur Stelle ist – dank seiner sentimentalen Treue zu seiner alten Schimmelstute –, wird Háma jedem Feind schnell klarmachen, dass er es mit dem Sohn von Helm Hammerhand zu tun hat. Mit dem Schwert an seiner Seite oder mit Pfeil und Bogen, die er meisterhaft beherrscht, kann Háma Taten vollbringen, von denen ein zukünftiger Barde von Rohan singen wird.

Fréaláf

Fréaláf Hildesohn ist der Sohn von Hild, der Schwester Helm Hammerhands. Über seinen Vater ist wenig bekannt, aber Fréaláfs dunklere Hautfarbe lässt vermuten, dass er nicht zu den Rohirrim gehörte, sondern eher ein gondorischer Edler aus Dol Amroth im Süden von Rohan war.

Bereits mit achtundzwanzig Jahren wurde er zum Herrn des Hargtals und zum Ersten Marschall der Riddermark ernannt. Dies ist der höchste militärische Rang, und er bedeutet, dass der König volles Vertrauen in die Fähigkeit seines Neffen hat, Edoras und die umliegenden Ländereien, die der Erste Marschall zu verteidigen hat, zu schützen.

Fréaláf ist stark und klug und versteht es, die heikle Diplomatie des Witan seines Onkels ebenso geschickt zu lenken, wie er seine Éored auf dem Schlachtfeld anführt. Da er mit Haleth, Háma und Héra aufgewachsen ist, fühlt er sich zu allen hingezogen, kann es aber auch nicht lassen, seine Kusine zu ärgern. Und er ist bereit, seinem König die Wahrheit zu sagen, auch wenn Helm sie vielleicht nicht hören will.

Fréaláfs oberste Pflicht wird es immer sein, das Volk von Rohan und seine Königsfamilie zu verteidigen. Da er aber selbst nicht dem Königsgeschlecht entstammt, kann er nur ein Verteidiger der Krone sein und nicht selbst die Krone tragen.

Gebiete von Rohan

⚜ Ostemnet ⚜

Weites Gebiet Rohans im Osten zwischen der Entwasser und dem Großen Fluss Anduin, in dem die Menschen viele Herden und Gestüte unterhalten und auch im Winter in Lagern und Zelten leben. An der östlichen Grenze liegen die Emyn Muil, zerklüftete Hügel, von denen einer der Amon Hen ist, während sich im Südosten das grüne Moorland des Entwassertals und das sumpfige Mündungsdelta der Entwasser erstrecken.

⚜ Ostfold ⚜

Gebiet des Königreichs, das sich von der Folde bis in den Südosten hinzieht und an drei Seiten von Wasser begrenzt wird: im Westen vom Schneeborn, im Norden von der Entwasser und im Osten vom Mering-Bach, der die Grenze zwischen Rohan und Gondor markiert. Im Süden bildet das Weiße Gebirge der Ered Nimrais einen unüberwindbaren Wall. Entlang seiner Flanke verläuft die Große Weststraße von Edoras nach Minas Tirith.

⚜ Die Folde ⚜

Region um Edoras im zentralen südlichen Teil des Königreichs, Teil der Königslande und Heimat der königlichen Familie. Das Wort selbst bedeutet »Region« oder »Land«. Neben der Stadt Edoras gehörte auch Aldburg, das Heim des Herrn der Folde, zu ihr, und sie wurde von den Wassern des Schneeborns gespeist.

ᚼ WESTEMNET ᚼ

Gebiet mit grasbewachsenen Ebenen westlich der Entwasser, das im Norden bis zum undurchdringlichen Wald, im Süden bis zum Fluss Schneeborn und im Westen bis zur Pforte von Rohan und dem Fluss Isen reicht.

ᚼ WESTFOLD ᚼ

Gebiet mit Feldern und Tälern, das sich von der Folde westwärts entlang der Ered Nimrais bis zu den Hängen unter den hohen Gipfeln des Thrihyrne hinzieht und im äußersten Westen vom Fluss Isen begrenzt wird. Das Verteidigungszentrum der Westfold ist die Festung Hornburg, und die Männer der Westfold stellen den größten Teil der Wachtposten. Die Nord-Süd-Straße von Edoras nach Eriador führt durch die Westfold und über die Isenfurten. Die Tradition der Westfold verlangt, dass die Rohirrim diesen strategisch wichtigen Übergang bis zum Tod verteidigen.

ᚼ WESTMARK ᚼ

Westlichste Region des Königreichs, jenseits der Pforte von Rohan und hauptsächlich zwischen den Flüssen Isen und Adorn gelegen. Ihr reiches und fruchtbares Land erstreckt sich im Norden bis zu den südlichsten Ausläufern des Nebelgebirges und darüber hinaus bis nach Dunland. Vom Rest Rohans ist es etwas abgeschnitten durch den nördlichen Ausläufer der Ered Nimrais, der die Grenze zwischen den goldenen Wiesen und Tälern der Westmark und der Westfold bildet.

ᚼ DAS WOLD ᚼ

Grasbewachsenes Hochland im Nordosten des Königreichs, das im Norden vom Limklar und im Osten vom Anduin begrenzt wird; im Westen erstreckt sich der dunkle und ausgedehnte Fangorn-Wald. Im Süden liegt das Ostemnet, wobei es keine feste Grenze zwischen den beiden Regionen gibt.

Die Rohirrim

Die Rohirrim, in Gondor als die Reiter von Rohan bekannt, sind die berittenen Krieger der Riddermark. Die jungen Leute von Rohan sitzen auf einem Pferd, sobald sie laufen können und manchmal schon früher. Wenn sie in den Krieg ziehen, sind sie hervorragende Reiter, die eine so starke Bindung zu ihrem Pferd entwickelt haben, dass sie sich wie eine Einheit bewegen und denken.

Diese Reiter sind keine ständige Truppe; es handelt sich um ganz normale Zivilisten: Bauern, Hirten, Handwerker. Nur in Zeiten großer Gefahr für Rohan werden sie zusammengezogen, wobei jede Éored als berittene Einheit aus dem Haushalt oder der Siedlung eines bestimmten Herrn stammt, auf seinen Dienst eingeschwo-

ren ist und von einem Edlen oder angesehenen Veteranen angeführt wird. Mit den besten Pferden Mittelerdes und Reitern, die ihnen ebenbürtig sind, sind die Rohirrim die größten berittenen Krieger aller Zeiten, und es gibt keinen Fußsoldaten, der ihnen standhalten kann.

❖ KÖNIGLICHE GARDE ❖

Die Königliche Garde ist die Leibgarde des Königs. Sie wird aus den besten Kriegern der Folde aufgrund ihrer Waffenkunst und ihrer Treue zur Krone ausgewählt. Im Kampf folgen sie ihrem König unbeirrt und sind bereit, ihr Leben zu opfern, um die Erbfolge der Könige von Rohan zu schützen.

Olwyn

Olwyn ist fünfundvierzig Jahre alt, groß und streng. In Edoras ist sie die Zofe von Prinzessin Héra, aber seit das Mädchen erwachsen ist, ist sie eher seine Mentorin als eine Dienerin oder Ersatzmutter.

Sie kämpfte an Helms Seite, bevor er König wurde, und schützte ihr Dorf vor den Angreifern aus Dunland. Ihren kampferprobten Schild, der bei diesem Angriff zerbrach, trägt sie immer noch bei sich, um sich daran zu erinnern, dass an der Grenze zum Reich des Königs immer Gefahr lauert.

Olwyn hat viel Leid erfahren, aber sie hat einen Weg gefunden, nach vorne zu blicken. Sie duldet keinen Unfug, aber sie und Héra haben sich in den gemeinsamen Jahren sehr schätzen gelernt.

Olywn erkennt sich selbst in Héra wieder. Die Prinzessin ist eine der wenigen, die wissen, dass Olywn eine der legendären Schildmaiden ist: eine wahre Kriegerin. Mit ihrem schrägen Humor würde Olywn selbst zugeben, dass sie mit dem Schwert besser umgehen kann als mit dem Kochlöffel!

Kühn, mutig, loyal und mit einer unglaublichen inneren Kraft ist Olwyn ein leuchtendes Beispiel für die Stärke der Frauen von Rohan. Sie ist stark genug, um sich derer anzunehmen, die Angst haben und in Not sind, und mutig genug, um ihnen in Zeiten der Gefahr als Beschützerin zur Seite zu stehen.

⚔ SCHILDMAIDEN ⚔

Schildmaiden waren Frauen aus den Grenzlanden. In dunklen Zeiten, als alle Männer gefallen waren, griffen sie zu den Waffen und kämpften.

Sie mussten für die Folgen des männlichen Strebens nach Macht und Herrschaft geradestehen. Sie verteidigten Rohan, als niemand sonst es konnte. Man glaubt, dass sie der Vergangenheit angehören, aber eine Schildmaid wird niemals aufgeben, ihr Land zu verteidigen und das Volk von Rohan zu beschützen.

⚔ SCHILD ⚔

Rohan-Schilde bestanden aus dünnen Holzbrettern, die oft mit Leder überzogen waren. Der Schild hatte eine runde Form und war dazu gedacht, Pferd und Reiter zu schützen. Auf der Rückseite des Schildes war eine Eisenstange angenietet, die als Griff diente, wobei die Faust im Inneren des Schildbuckels saß. Dieser war so groß, dass der Krieger seine ganze Faust hineinstecken konnte, sie dabei aber einen sicheren Abstand zur Innenkante hielt. Der Krieger, der die Mitte des Schildes fest gepackt hält, kann so jeden seitlichen Schlag, der den Schild verdrehen könnte, bestmöglich abwehren. Die Rohirrim verzierten ihre Schilde oft mit Sonnensymbolen oder stilisierten Darstellungen der Mearas, jener Rasse mächtiger und kluger Pferde, die von den Bewohnern Rohans gehütet, geritten und verehrt wird.

Das Volk von Rohan

Die Menschen, die mit Eorl nach Calenardhon ritten, gehörten zu einem immer größer werdenden Volk, das ursprünglich in den weiten Ebenen Rhovanions südlich des Düsterwaldes gelebt hatte. Sie waren hochgewachsen, von kräftigem Körperbau und überwiegend blond. Als sie immer zahlreicher wurden, zogen sie zunächst in die Täler des Anduin und dann nach Norden in das Land zwischen den Nebelbergen und dem Grauen Gebirge.

Rohan erwies sich als ideale Heimat für sie, denn die hügeligen Grasebenen erlaubten es ihnen, ihre Pferde zu weiden und weit verstreute Siedlungen und Gestüte zu errichten, um sie zu züchten. Abgesehen von ihren wertvollen Pferden besitzen die Bewohner Rohans außerhalb der Hauptstadt Edoras nur wenige Reichtümer. Sie bestellen das Land, jagen für ihre Nahrung und stellen Kleidung aus Tierhäuten, Wolle und Flachs her; was sie nicht selbst herstellen, erwerben sie im Handel mit Gondor.

In Rohan gibt es keine schriftlichen Überlieferungen, sodass alle Geschichten und Legenden – wie die von Fram und wie er Scatha den Wurm tötete, um dessen Hort zu erlangen – mündlich überliefert oder in Liedern besungen wurden, wie sie Háma gerne auf seiner Leier spielt.

Die Geschichte eines Schwertes ist mit der Geschichte einer bestimmten Familie verbunden, und jeder neue Träger wird so viel über dessen Geschichte erfahren wie über die seiner Vorfahren. Dieses Wissen trägt dazu bei, dass die jungen Krieger das Eisen nicht nur in der Hand, sondern auch im Herzen tragen, denn sie sind sich bewusst, dass sie in einer langen und edlen Tradition stehen, der sie gerecht werden müssen. Obwohl die Rohirrim keine kriegerische Gesellschaft sind, haben 250 Jahre, in denen sie ihre Siedlungen gegen Angriffe schützen mussten, sie bereit gemacht, jederzeit zu den Waffen zu greifen und ihre Grenzen zu verteidigen.

»Ich bezweifle, dass Freca überhaupt noch weiss, wie man ein Schwert schwingt. Er sitzt schon zu lange untätig in der Westmark – und stopft sich den Hals und die Taschen voll.«

Freca

Freca ist Herr der Westmark, dem Gebiet ganz im Westen Rohans, südlich des Isen und zu beiden Seiten des Flusses Adorn. Er behauptet, von Fréawine, dem fünften König von Rohan, abzustammen, aber sein dunkles Haar und sein Bart – ganz zu schweigen von den primitiven Tätowierungen in seinem Gesicht – sprechen eher für die weitverbreitete Ansicht, dass in seinen Adern dunländisches Blut fließt.

Wie dem auch sei, Freca hat wenig für das Geschlecht der Könige von Rohan übrig und mehr für das Volk von Dunland. Obwohl er Reichtum und Macht erlangte, hat er viele Jahre damit verbracht, über all das nachzusinnen, was das Volk von Edoras hat und er nicht: all die Privilegien, die ein enger Verbündeter Gondors genießt. Und er hat dem König schon immer wenig Respekt gezollt, indem er sich hartnäckig weigerte, an seinem Rat, dem Witan, teilzunehmen.

Freca ist vierzig Jahre alt, stämmig und stolz, fast so groß wie Helm, und es scheint, als sei sein Ehrgeiz mit seinem Umfang gewachsen. Vielleicht ist das der Grund, warum er sich angemaßt hat, mit den Gewohnheiten Rohans zu brechen, indem er seinen eigenen Witan einberief. Und wenn er in Begleitung seines einzigen Sohnes und Erben Wulf, seines treuen Generals Targg und seiner Leibwache nach Edoras reitet, könnte dies ganz Rohan verändern.

»Ich trete vor diesen Rat mit dem Angebot, Rohan zu stärken, nicht zu schwächen. Zu lange haben sich unsere Häuser zerstritten, während wir von Gondor unterdrückt wurden. Sie würden uns respektieren, ja fürchten, wenn wir wirklich geeint wären. Es ist an der Zeit, dass Rohan aufhört, Gondors Schoßhündchen zu sein.«

Wulf

Wulf ist Frecas erster und einziger Sohn und hat als Erbe der Herrschaft der Westmark viel mit Héra gemeinsam – beide sind mutterlose Kinder eines starken und stolzen Anführers.

Wulf kannte Héra schon als Kind. Sie spielten zusammen auf den sonnigen Wiesen der Westmark und übten den Umgang mit dem Schwert. Der Junge, den sie einst ihren Freund nannte, ist heute zwanzig Jahre alt und ein ruhiger, ernster Mann geworden, der sich in dunkle Farben kleidet, aber immer noch gern an die gemeinsame goldene Zeit zurückdenkt. In seinem empfindsamen Herzen bewahrt er den Glauben, dass er Héra liebt.

Die unbekümmerten Zeiten, in denen er mit dem Schwert spielte, sind unter dem Befehl von Targg, dem General seines Vaters, einer ernsthafteren Ausbildung gewichen, und Wulf führt sein scharfes geschwungenes Schwert und seinen Dolch mit tödlicher Präzision, eine Fertigkeit, die seinem Umgang mit dem Bogen in nichts nachsteht.

Unabhängig von seinen persönlichen Träumen ist Wulf der künftige Herr des Volkes seines Vaters und so dessen großen Ambitionen unterworfen. Obwohl er im Schatten seines Vaters aufgewachsen ist, liebt er ihn sehr, und jede Tat, die gegen Herrn Freca begangen wird, wird er zehnfach vergelten, selbst wenn dies unausweichlich zum Krieg führen sollte. Und sollte seine jugendliche Zuneigung jemals verschmäht werden, könnte sich diese Liebe in krankhaften Hass auf Héra, Helm und das ganze Volk von Rohan verwandeln.

Herr Thorne vom Wold

———※———

Herr Thorne stammt aus dem Nordosten Rohans und ist ein gutaussehender Adeliger mit einem einnehmenden Wesen. Er hat in der Vergangenheit mit Helm gekämpft, und seine Ernennung zum Herrn des Wolds ist das Ergebnis seiner Treue auf dem Schlachtfeld. Das Wold ist ein dicht besiedeltes Gebiet des Königreichs, und er ist in der Lage, 300 Reiter seines Volkes ins Feld zu führen.

Als langjähriger Vertrauter des Throns und scharfsinniger Beobachter der Machtpolitik rund um den König war Thorne besser als die meisten anderen im Bilde, wenn es in anderen Teilen des Königreichs Unzufriedenheit gab. Weil er den Reichtum und die Macht wertschätzt, die mit dem Adelsstand verbunden sind, wird er wahrscheinlich alles tun, um sich diesen zu bewahren.

General Targg

Targg, geboren und aufgewachsen in Dunland, ist der Anführer der Männer der Westmark und der mit ihnen verbündeten Bergstämme. Er ist ein erfahrener Soldat mit kurz geschorenem Haar. Von seinen Männern erwartet er absolute Loyalität, so wie er seinem Herrn, wer auch immer das sein mag, absolut treu ist. Dank seiner langjährigen Erfahrung in Frecas Diensten ist er für Frecas jungen Erben Wulf ein kluger Ratgeber, der mit seinen ruhigen Worten die Hitze jugendlicher Leidenschaft zu kühlen vermag.

Trotz seiner dunländischen Herkunft besitzt Targg einen ausgeprägten Sinn für Ehre, wie er allen Kriegern eigen ist, und er wird immer so ehrenhaft kämpfen, wie es sein persönlicher Kodex erlaubt. In der Hitze des Gefechts entlädt sich jedoch sein Zorn gegen den Feind.

Dunland

Dunland ist ein Gebiet, das im Westen an das viel größere Enedwaith und im Osten an das Nebelgebirge grenzt. Es besteht aus offenem Land und Wäldern im Norden, die von den Ausläufern der Berge überragt werden. Es ist ein schönes, fruchtbares Land, aber wie viele Gegenden von Mittelerde ist es nur dünn besiedelt, da es von den Königen vernachlässigt wurde, als es noch zu Gondor gehörte und von der Nord-Süd-Straße, die die Reisenden von Minas Tirith zu den Turmhügeln im fernen Eriador führte, nur am Rande gestreift wurde.

Als die Bevölkerung von Calenardhon schrumpfte, kamen Menschen aus Dunland über den Fluss Isen, um sich hier niederzulassen, wurden aber von den Rohirrim vertrieben. Die Menschen, die heute hier leben, sind eine Mischung aus primitiven Bergstämmen und höher entwickelten Landbesitzern und Bauern, die alle als Dunländer bekannt und vom Hass auf das Volk von Rohan erfüllt sind.

Die Menschen sind nicht das einzige Volk, das jemals in Dunland siedelte. Vor langer Zeit war es Wohnsitz der Starren, Hobbits, die sich hier niederließen, bevor sie nach Norden zogen, um im Auenland eine Heimat zu finden.

CREBAIN

Crebain sind große schwarze Krähen, die hauptsächlich in Dunland leben, aber auch im Alten Wald östlich von Isengard vorkommen sollen. Sie sind Aasfresser, die in jedem gefallenen Menschen oder Lebewesen eine Mahlzeit sehen. Außerdem sind sie hochintelligente Wesen und haben nach vielen Generationen des Zusammenlebens eine Beziehung zu den Bergbewohnern Dunlands entwickelt, die die Vögel als Kundschafter auf ihren Streifzügen durch das westliche Rohan einsetzen.

Dunländer

In den Jahren des Zweiten Zeitalters, bevor sich die Númenórer in Mittelerde niederließen, waren die Länder westlich und südlich des Nebelgebirges bis hin zu den Weißen Bergen und den ausgedehnten Wäldern von Enedwaith, die sich zwischen den Bergen und dem Meer erstreckten, von primitiven Hirten und Hügelvölkern bewohnt. Unkultiviert und abergläubisch, wie sie waren, misstrauten sie den großen Männern aus dem Westen. Und sie fürchteten und hassten sie, als sie von ihrem Land verjagt wurden, Opfer des unersättlichen Hungers der Númenórer nach Holz für den Bau ihrer Schiffe. Ein paar von ihnen zogen nach Norden und wurden die Vorfahren der Menschen von Bree.

Als Eorl und sein Volk Rohan zum Besitz erhielten, vertrieben sie die übrig gebliebenen »Wilden« aus ihrem neuen Land und ernteten dafür deren bitteren Hass und lebenslange Feindschaft. So ist es nicht verwunderlich, dass die Dunländer nun häufig die abgelegenen Siedlungen Rohans überfallen und sich im Dunkel der Nacht an den Eroberern rächen. Deshalb unterhält Rohan im Westen an den Furten des Isen Patrouillen und Garnisonen, um diese Überfälle zu verhindern.

Die Dunländer sind zähe, robuste Menschen, groß und kräftig. Während viele Bergstämme noch immer die Wilden von einst sind, mit verfilzten Haaren und Bärten und groben Speeren, haben sich einige in den langen Jahren des Kontakts mit Rohan weiterentwickelt und sind ihren Nachbarn fast ebenbürtig. Trotz ihrer offensichtlichen Verschiedenheit sind sich die Dunländer einig darin, dass sie sich nie einem Oberherrn beugen, es sei denn, einer würde sie alle vereinen, um altes Unrecht zu rächen.

Adler

Im Dritten Zeitalter von Mittelerde sind die Großen Adler die edelsten aller Geschöpfe. Sie haben ihre Horste auf den Gipfeln des Nebelgebirges und in den Ered Nimrais im Süden von Rohan.

Adler gehören auch zu den größten Lebewesen von Mittelerde und sind etwa dreimal so groß wie Menschen. Selbst ein junger Adler mit weißem Gefieder ist mindestens doppelt so groß wie ein Mensch. Aufgrund ihrer Größe sind sie in der Lage, einen Menschen oder in Ausnahmefällen sogar dessen Besitztum zu tragen.

Es heißt, dass sie die Gemeinsame Sprache verstehen und sogar eine eigene Sprache sprechen können, aber nur mit Zauberern.

Alter Waldsumpf

Am südlichen Ende des Nebelgebirges liegt der letzte Rest des wilden und uralten Waldes, der einst einen großen Teil Mittelerdes bedeckte. Es ist ein Ort des Schattens und der Geheimnisse, voller knorriger Stämme und verschlungener Ranken,

deren Blätterdach einen Großteil des Lichts abhält. Die südlichen Ausläufer dieses unheimlichen Waldes bilden eine unüberwindbare Grenze Rohans nach Norden.

Legenden erzählen von seltsamen Wesen, die dort hausen. Manche behaupten sogar, dass in diesem Wald die Bäume selbst gehen und sprechen können. Reisende sollten es tunlichst vermeiden, den Waldrand zu überschreiten, um nicht auf Nimmerwiedersehen zu verschwinden.

Die Entwasser fließt durch den Wald nach Osten zum großen Fluss Anduin. Dort, wo sich Fluss und Wald treffen, befindet sich ein tückischer Sumpf, in dem Geschöpfe der Finsternis hausen.

Der Wächter im Wasser

»Hüte dich vor den dunklen Wassern, die uralte Geheimnisse bergen...«

In grauer Vorzeit, als der erste Dunkle Herrscher gestürzt und seine Festung Angband geschleift wurde, flohen viele Geschöpfe, die ihm hörig waren, in die dunklen Orte Mittelerdes. Sie suchten Zuflucht in den Bergen, Wäldern und Seen und warteten auf die Rückkehr des Schattens.

Seitdem bedrohen sie unvorsichtige Reisende, und die vielleicht unheimlichste dieser Kreaturen ist der Wächter, ein Ungeheuer, das in keiner schriftlichen Überlieferung zu finden ist. Mit böser List – und vielleicht schon im Bunde mit einer dunklen Macht – lockt der Wächter seine Beute durch Tarnung näher heran, um sie dann mit seinen großen Tentakeln zu packen, bevor er aus dem Wasser springt und sie in den Sumpf hinabzieht.

Isengard

Im Zweiten Zeitalter von Mittelerde standen die Númenórer auf dem Höhepunkt ihrer Macht. Sie bauten viele wundersame und mächtige Dinge: die Argonath, hoch aufragende Statuen von Isildur und Elendil, die an der nördlichen Grenze Gondors Wacht hielten; die Türme und Mauern des Schwarzen Tores, die vor der Rückkehr Saurons schützten; und Isengard.

Im Zentrum von Isengard erhebt sich der Turm von Orthanc, der aus vier unzerstörbaren Pfeilern aus Obsidian besteht, welche auf unbekannte Weise miteinander verschmolzen wurden. Orthanc ist 500 Fuß hoch und von einem großen Ringwall mit einem Durchmesser von einer Meile umgeben, innerhalb dessen sich eine ältere Steinmauer befindet.

Seit dem Aussterben des Königsgeschlechts ist Isengard dem Verfall preisgegeben. Die innere Mauer und andere Gebäude sind eingestürzt, das Haupttor ist zerstört. Ein kleiner Turm steht noch, aber auch er ist eine Ruine. Er ist jetzt der Thronsaal des geheimnisvollen Hochfürsten der Bergstämme, der ein riesiges Heer aus Dunländern, Bergstämmen und südländischen Söldnern anführt, welches eine halbe Tausendschaft umfasst.

Die Schlacht der Rohirrim

Die Völker von Rohan und Dunland haben eine lange gemeinsame Geschichte. Im Laufe der Zeit gab es Treueschwüre gegenüber dem Geschlecht der Könige von Rohan, Feindschaften zwischen den beiden Völkern, und Blut wurde vergossen und geteilt zwischen den Familien, die heute in diesen Ländern leben.

Seit Generationen hegen die Dunländer Groll und fühlten sich ausgeschlossen, während die Könige von Rohan das Feuer der Freundschaft mit ihren Verbündeten in Gondor schürten. Doch nun lagern die Bergstämme Dunlands zusammen mit Söldnern aus fremden Ländern nur wenige Meilen von Rohans Hauptstadt Edoras entfernt innerhalb der Mauern Isengards, und die Zukunft des Reiches scheint auf Messers Schneide zu stehen.

Als Freca, der Herr der Westmark, in Begleitung seines einzigen Sohnes und Erben Wulf und des Befehlshabers seiner Truppen, General Targg, nach Edoras reitet, scheint es, als würde es bald so weit sein. Krieg zieht über Rohan herauf, und das Königreich droht zu zerbrechen.

> »REITER DER MARK! BRÜDER VON ROHAN! AUF! AUF NUN! WIR FÄRBEN DEN MORGEN ROT MIT DEM BLUT UNSERER FEINDE!«

SÜDLÄNDER

Das kriegerische Nomadenvolk von Harad lebt in einer der rauesten Umgebungen Mittelerdes. In den Ländern südlich von Gondor versengt die glühende Sonne die weiten Ebenen von Harad zur Wüste. Noch weiter südlich, in Fern-Harad, soll es dichte Dschungel geben, in denen riesige elefantenähnliche Kreaturen leben, die Mûmakil.

In der Schlacht reiten südländische Tiermeister mit bemalten Gesichtern auf ihren Mûmakil in die Reihen des Feindes hinein, um ihn in Angst und Schrecken zu versetzen, und schießen Pfeile auf ihn ab. Die Krieger des Südens tragen oft Masken aus Fell, Bambus und Knochen, um ihre Feinde noch mehr einzuschüchtern. Sie verzichten auf Schilde und schwingen tückische Krummschwerter, Dolche und lange Speere.

❖ VARIAGS ❖

Ursprünglich bezeichnete dieser Begriff die Menschen aus dem Land Khand im Südosten Mittelerdes. Im Gegensatz zu anderen Völkern, die für Sauron kämpften, taten dies die Variags nicht aus Loyalität, sondern gegen Bezahlung. Daher gebrauchen die Rohirrim diesen Namen für alle feindlichen Söldner.

»EINE WEITERE BEDROHUNG WAR AN DER OSTGRENZE ROHANS AUFGETAUCHT ... SELTSAME LAUTE WAREN IN DER NACHT ZU HÖREN.«

MÛMAKIL

Die Mûmakil oder Olifanten, die es nur in den Dschungeln von Fern-Harad gibt, sind Kreaturen, die ebenso sagenhaft und schreckenerregend sind wie Drachen. Furcht und Aberglaube gehen ihnen voraus, und nur wenige sind in der Lage, sich diesen riesigen Kampfbestien zu stellen, geschweige denn, sie zu Fall zu bringen.

Man sagt, sie seien fünfzig Fuß hoch und hätten zwei riesige Stoßzähne auf jeder Seite des Mauls. Wenn sie in die Schlacht ziehen, brüllen und trompeten sie laut, und die Erde erzittert mit Donnergrollen unter ihrem Tritt.

Jeder Mûmak wird von einem Tiermeister betreut, der das Tier lenkt, indem er in ein seltsam geformtes Horn bläst und es von einer großen überdachten Reitplattform, die mit Stoßzähnen und anderen Trophäen geschmückt ist, in die Schlacht führt. An beiden Seiten des Tieres hängen lange rote und schwarze mit seltsamen Symbolen versehene Banner, die es dem Tierführer ermöglichen, auf die Plattform zu klettern. Der Mûmak ist zusätzlich durch Stachelpanzer an den Beinen und Stoßzähnen vor Angriffen geschützt.

Dunharg

Als die Nordmänner ihr neues Land zu erkunden begannen, war der älteste und geheimnisvollste Ort, den sie fanden, die Feste Dunharg, eine in prähistorischer Zeit von den Bergbewohnern errichtete Trutzburg. Wegen ihrer wehrhaften Lage und der Nähe zu Edoras wurde sie in Kriegszeiten ein bewährter Zufluchtsort für die Rohirrim. Ein steiler Zickzackpfad führt Hunderte Fuß zu einem weiten, grasbewachsenen Plateau hinauf, das auf allen Seiten von den Weißen Bergen umgeben ist. Der Weg wird gesäumt von den Púkelmännern, wie die Rohirrim die geheimnisvollen steinernen Statuen nennen, die dort stehen. Er zieht sich weiter über die Hochfläche und durch eine dunkle, bewaldete Schlucht, den verwunschenen Dimholt-Pass, bis zu einem kleinen, dunklen Tor. Hier beginnen die Pfade der Toten.

Die Hornburg

Die Hornburg ist eine uralte steinerne Fliehburg, die sich in das Klammtal schmiegt, eine enge, steil abfallende Schlucht unter den hohen Silhouetten des Thrihyrne-Massivs. Es heißt, dass sie in der Frühzeit Gondors vom Volk Númenors mit Hilfe von Riesen erbaut wurde. Ob das nun wahr ist oder nicht, die dicken Steinmauern wurden nie durchbrochen. Nach Jahren der Vernachlässigung war die Burg stark verfallen, bevor sie von den Rohirrim instand gesetzt wurde.

Sie besteht aus einem 300 Fuß hohen Turm, der von einer inneren und einer äußeren Ringmauer umgeben ist, wobei sich die äußere Mauer mehr als 100 Fuß über den Talboden erhebt. Der einzige Eingang ist ein riesiges Holzportal zwischen zwei Wachtürmen, zu dem man über einen geschwungenen Steindamm hinaufgelangt.

Im Innenhof führen in den Felsen gehauene Torbögen zu Sälen, Quartieren, Lagerräumen und vielen geheimen Gängen, die nur wenigen bekannt sind. Normalerweise ist in der Hornburg nur eine kleine Garnison von Wachen stationiert, die von einem Hauptmann befehligt wird, während die Vorräte der Burg von der alten Pennicruik gehütet werden, einer mürrischen alten Frau, die die Burg seit vierzig Jahren verwaltet.

Die Hornburg ist mit der anderen Seite der Schlucht durch den Klammwall verbunden, einer über 60 Fuß hohen und fast 300 Fuß langen Mauer. Ihr Wehrgang ist so breit, dass vier Männer nebeneinanderstehen können. Das ganze Bauwerk besteht aus massivem Stein, abgesehen von einem kleinen Abfluss auf halber Höhe der Mauer. Das bedeutet, dass die Verteidiger einer entschlossenen Belagerung standhalten können – zumindest so lange, wie ihre Vorräte reichen…

Orks

Nachdem der Dunkle Herrscher Sauron vor fast dreitausend Jahren besiegt worden war, flohen diejenigen seiner Geschöpfe, die nicht vernichtet worden waren, und verbargen sich. Nun, da der Schatten erneut begonnen hat, Mittelerde zu verdunkeln, kommen viele der Orks, die sich im Nebelgebirge versteckt, geheime Festungen gebaut oder sich nach Mordor zurückgezogen hatten, wieder hervorgekrochen und bedrohen die Völker von Rohan und Gondor, um die Befehle ihres Herrn auszuführen und nach Dingen zu suchen, die einst verloren gegangen sind.

Schneetrolle

Die Schneetrolle sind die gefährlichsten aller Trolle, die im Dritten Zeitalter noch in Mittelerde leben. Wie ihr Name schon sagt, treiben sie sich im Hochgebirge herum und wagen sich nur selten in die Ausläufer und Täler hinab. Doch wenn der Winter lang und eisig ist, müssen sich alle vor ihnen in Acht nehmen.

Im Gegensatz zu ihren entfernten Verwandten, die in Höhlen leben, sind Schneetrolle intelligent und von Natur aus tückisch. Noch schlimmer ist, dass sie keine Angst vor der Sonne haben, da diese ihnen nichts anhaben kann, sodass sie auch am Tage eine Bedrohung darstellen.

Die meisten Schneetrolle sind zwei- bis dreimal so groß wie Menschen und sehr stark. Sie haben die für ihre Art typischen dicken Arme und zweizehigen Füße, weit aufgerissene rote Augen und Hörner auf der Stirn. Ihre schuppige graue Haut ist an Armen, Schultern und Rücken verdickt, was ihnen einen natürlichen Panzer verleiht. Ungewöhnlich für ihre Art ist, dass einige von ihnen sogar weiße Bärte haben.

Saruman der Weisse

Saruman der Weiße ist das Oberhaupt der Istari, des Ordens der Zauberer, die um das Jahr 1000 D.Z. aus dem fernen Westen nach Mittelerde kamen, um den Freien Völkern in ihrem Kampf gegen den Dunklen Herrscher Sauron zu helfen. Saruman ist Mitglied des Weißen Rates, dem auch der Zauberer Gandalf und andere Weise angehören, darunter die Elben Galadriel und Elrond.

Saruman ist handwerklich sehr geschickt, was ihm den Elbennamen Curunír einbrachte, was so viel wie »Mann der Geschicklichkeit« bedeutet. Außer dem Dunklen Herrscher selbst gibt es in ganz Mittelerde niemanden, der mehr über die Ringe der Macht weiß, und seine Nachforschungen über die Werke Saurons haben ihn zu der Vermutung geführt, dass der Eine Ring in der Nähe des Flusses Anduin an der Westgrenze Rohans zu finden sein könnte. Es sei denn, er wurde bereits gefunden...

GANDALF DER GRAUE

Während seiner Zeit in Mittelerde reiste der Zauberer Gandalf weit unter den Völkern Mittelerdes umher, um ein Feuer in ihren Herzen zu entfachen und ihre Entschlossenheit gegen Sauron zu stärken. Seine Reisen haben ihm viele Namen eingebracht, aber das Symbol, mit dem er seine Botschaften unterzeichnet, ist immer dasselbe: eine G-Rune.

Als Mitglied des Weißen Rates und Wächter gegen die Rückkehr des Schattens wird jede Nachricht über die Suche der Orks nach einem goldenen Ring seine Neugierde wecken.

ORIGINALBESETZUNG

HELM HAMMERHAND
Brian Cox

HÉRA
Gaia Wise

FRÉALÁF HILDESOHN
Laurence Ubong Williams

WULF
Luke Pasqualino

OLWYN
Lorraine Ashbourne

HALETH
Benjamin Wainwright

HÁMA
Yazdan Qafouri

FRECA
Shaun Dooley

GENERAL TARGG
Michael Wildman

LIEF
Bilal Hasna

DIE ALTE PENNICRUIK
Janine Duvitski

HERR THORNE
Jude Akuwudike

SARUMAN DER WEISSE
Christopher Lee

ÉOWYN
Miranda Otto

*Mit der Erlaubnis des Nachlassverwalters von Christopher Lee erhält Saruman die Stimme des berühmten Darstellers nach vorliegenden ADR-Aufnahmen aus der Filmtrilogie *Der Herr der Ringe*.